MARCHE

DES

DÉPARTEMENTS SUR PARIS.

— JUIN 1848. —

VITRY-LE-FRANÇOIS

(MARNE.)

CIVIBUS COMITIBUSQUE.

PRÉAMBULE.

La marche des départements sur Paris, au mois de juin 1848, est assurément un des plus graves événements de notre histoire contemporaine.

Quelle révolution fut plus instantanée que celle du mois de février 1848? — Les départements acceptent la République proclamée à Paris, mais comme le gouvernement de la France par la France. Ils accueillent avec confiance les commissaires qui leur sont envoyés, mais ils chassent honteusement ceux d'entr'eux qu'ils reconnaissent indignes de

1851

leur mandat. Ils s'imposent les sacrifices d'argent qu'on leur demande, mais ils refusent les impôts, quand il apparaît qu'ils ne servent plus à couvrir les charges publiques, et qu'ils sont devenus un objet de dilapidation. Enfin, ils déchirent publiquement les trop célèbres bulletins de la République, quand, au lieu d'être des comptes-rendus, ils sont devenus des textes de funestes doctrines et des pages d'immoralité.

Quelle insurrection embrasa Paris d'une manière plus terrible que celle de juin 1848? Quelles luttes furent plus acharnées? — L'armée engage la bataille, et bientôt le bruit du canon, qui gronde à Paris, retentit jusque dans nos hameaux : les gardes nationales courent aux armes, et s'échelonnent sur les routes de la capitale; les plus rapprochées entrent en ligne et prennent part au combat.

Ainsi, quand la société était attaquée jusque dans ses fondements ; quand la France, frappée au cœur dans sa capitale, menaçait ruine, l'énergique résistance des provinces, leur élan subit, spontané, étaient venus puissamment en aide au Pouvoir tutélaire.

La vie des départements est occupée, laborieuse, essentiellement honnête. L'homme des champs, en rentrant le soir dans sa maison, a besoin de trouver la tranquillité d'esprit pour se reposer des fatigues du corps ; il repousse les agitations continuelles et ces mauvaises doctrines, qui entravent la prospérité publique et accumulent les ruines particulières.

Les longues guerres de la République et de l'Empire ont rendu familier l'usage du fusil. Il est le premier ornement de nos chaumières. D'ailleurs, les populations françaises se façonnent vite au service et aux habitudes militaires. Appelées inopinément à faire usage du suffrage universel, elles ont témoigné, par les élections des 27 avril et 10 décembre 1848, du calme et de la sagesse de leur esprit. Une grande somme de force et d'autorité est donc aujourd'hui dévolue aux départements. Les évènements de juin 1848 ont servi à révéler et à mettre au jour ces moyens de puissance. La route de Paris a été frayée ; les voies de fer ont rapproché les distances, et les provinces pèsent désormais de toute leur valeur, comme un contre-poids puissant, dans les destinées nouvelles de la France.

VITRY-LE-FRANÇOIS a reçu de la guerre de 1814 un vif reflet, qui fut encore rehaussé par sa vigoureuse résistance contre les Prussiens. (*) Le renom de patriotisme et de courage qu'il acquit particulièrement à cette grande époque, *oblige* à toujours ses enfants. Ils ne pouvaient donc demeurer insensibles à l'appel fait en juin 1848 par la France éplorée, et, au milieu des nombreuses bannières qui défilèrent alors sous ses yeux, l'*Assemblée nationale* devait rencontrer le nom du *Vitry* de 1814.

(*) Le 2 février 1814, un corps prussien, sous le commandement du général Yorck, se présentait devant Vitry, qu'il sommait vainement de se rendre. L'ennemi s'établit alors sous ses murs, dans la plaine entre le *Désert* et le *Bois-le-Gras*, commença l'attaque et fit pleuvoir sur la ville des boulets et des obus. Vitry ne renfermait qu'une faible garnison à laquelle se réunirent les habitants et particulièrement les canonniers de la garde nationale, qui ripostèrent par une vigoureuse canonnade. Après trois heures de combat, les Prussiens, qui avaient perdu beaucoup de monde, furent contraints de se retirer.

——————— L'Empereur Napoléon inaugurait la campagne de 1814 par une première victoire remportée, le 27 janvier, dans les vastes plaines entre Vitry et Saint-Dizier ; le 26 mars, il remportait une seconde victoire dans ces mêmes lieux. Le bruit se répandit alors et l'opinion s'accrédita qu'il avait été sur le point de terminer d'un seul coup cette funeste guerre, en faisant prisonniers, dans Vitry même, trois des *Souverains* qui combattaient contre lui. Cette chronique et le nom de *Vitry-le-François* qui s'y rattachait, furent alors répétés de bouche en bouche, et devinrent d'autant plus populaires et d'autant plus répandus, qu'à ce moment l'Europe entière était en armes contre la France.

MARCHE

DES

DÉPARTEMENTS SUR PARIS.

— JUIN 1848. —

VITRY-LE-FRANÇOIS

(MARNE.)

Dieu, Patrie, Famille.

LOUIS-PHILIPPE était descendu du trône le 24 février 1848. La Monarchie avait fait place à la République. La Nation, surprise un moment par des évènements si rapides, n'avait pas tardé à se remettre de son émotion : elle accepta le nouvel ordre de choses, qui semblait devoir être le gouvernement de la France par elle-même. Le sentiment religieux de la fraternité devint un dogme politique ; les partis se donnèrent la main sur le terrain neutre de la République, et la France parut assez grande et assez forte pour en imposer aux étrangers.

———

Le drapeau tricolore continua à déployer ses brillantes couleurs: il avait ombragé notre enfance ; il avait guidé nos pères pendant vingt-cinq ans de combats. En 1830, nous l'avions relevé en haine des étrangers ; nous jurions en 1848 de le défendre et de le maintenir...... En vain essaya-t-on de lui opposer le drapeau rouge : La France avait applaudi à ces nobles paroles de **M. de** Lamartine : « *Le drapeau tricolore a fait le tour du monde* » *avec nos gloires, tandis que le drapeau rouge n'a fait que le* » *tour du Champ-de-Mars, baigné dans le sang.* »

———

Mais la porte ne tarda pas à s'ouvrir aux passions les plus violentes et les plus effrénées. On vit s'accroître chaque jour le nombre des partis, dont quelques-uns renfermaient d'affreux éléments. Ces partis s'augmentaient nécessairement, en ces jours fiévreux, de la portion ignorante de la population. Comme il arrive toujours, ceux qui avaient provoqué cette révolution furent immédiatement débordés. En quelques jours, l'horizon devint horrible et la société tout entière parut menacée de sa ruine.

———

La grandeur même du danger amena une réaction : la presse devint un immense flambeau à la lueur duquel on put se rallier ;

l'excellent esprit des provinces et des masses en général, jusque-là méconnu et trop peu apprécié, ne tarda pas à se révéler ; les hommes se rapprochèrent par le sentiment du danger commun. Le 27 avril 1848, jour de Pâques, la nation entière, faisant application du suffrage universel, nomma, avec un calme imposant et une gravité religieuse, les membres d'une *Assemblée constituante*, qui se réunit à Paris le 4 mai suivant.

Parmi les membres du *Gouvernement provisoire*, il s'était trouvé des hommes à utopies, qui avaient profité de leur élévation pour faire triompher leurs chimériques idées en jetant au peuple un appât trompeur. Ils s'étaient engagés à garantir l'existence de l'ouvrier par le travail. L'établissement immédiat d'ateliers nationaux avait été décrété. Enfin on avait nommé pour les travailleurs une commission de gouvernement, qui s'installa au palais même du Luxembourg.

Mais les ateliers nationaux ne s'ouvrirent pas seulement aux ouvriers honnêtes et laborieux ; ils devinrent aussi le point de réunion où se précipitèrent de la province et de l'étranger des hommes oisifs, corrompus et vicieux.

D'ailleurs la généralité des citoyens avait été appelée au service de la garde nationale. Les hommes des ateliers nationaux, ayant reçu, comme les autres, les objets d'armement, composèrent une véritable armée, obéissant à des chefs reconnus.

Le gouvernement provisoire avait apprécié tardivement les difficultés de la tâche qu'il s'était imposée et le danger ainsi appelé sur la République. Les ateliers nationaux encombrés coûtaient plusieurs millions par mois. Une pareille charge ne pouvait être long-temps supportée, et la France entière voyait avec une vive inquiétude ces masses armées, que tourmentait d'ail-

leurs, au milieu de l'oisiveté, l'esprit de désordre et de démorali-
sation.

Il devenait donc urgent de prendre un parti énergique ;
l'Assemblée nationale s'y résolut et prononça la dissolution des
ateliers nationaux. (*)

Le cri de rage et de désespoir, qui retentit à cette nouvelle, fit
présager une sanglante bataille ; elle commença le vendredi 23
juin à 10 heures du matin.

VENDREDI 23 JUIN.

On ne tarda pas à reconnaître que les masses insurgées obéis-
saient à des chefs, à tout un état-major dirigeant un plan organisé
d'avance. Trois quartiers-généraux reliaient ces masses les unes
aux autres : à l'extrême gauche le Panthéon, au centre la place
de la Bastille, et le clos Saint-Lazare à l'extrême droite.

De nombreuses barricades avaient été élevées dans le large
espace des boulevards et sur plus de cinquante autres points. Ces
barricades, au-dessus desquelles flottait le drapeau rouge, étaient
comme autant de forteresses ; derrière s'abritaient les insurgés,
que protégeait encore un feu croisé parti des maisons environ-
nantes.

La révolte, sous cet aspect formidable, embrassait, par un demi-
cercle, la moitié de Paris. Ils aspiraient à la conquête de l'Hôtel-
de-Ville et de la Préfecture de police, afin d'y organiser un
Pouvoir.

Le général Cavaignac, ministre de la guerre, fut investi par l'Assemblée nationale du commandement de la force armée ; il fut arrêté sur le champ que le général Lamoricière se porterait au centre ;

(*) Un courageux représentant du département de la Marne avait provoqué cette
dissolution des ateliers nationaux, qui fut prononcée sur sa proposition.

(*Séance du 20 juin 1848.*)

que le général Bedeau commanderait l'aile du Panthéon, et le général Damesme celle de gauche, opposée au clos Saint-Lazare.

Les premiers engagements eurent lieu à la porte Saint-Denis,
et en haut du faubourg Poissonnière ; d'autres suivirent sur des
points opposés, dans la cité, au faubourg Saint-Marceau ; et ces
diverses collisions prirent bientôt les proportions d'une bataille
générale, qui se continua sanglante jusqu'à la fin du jour. La nuit
seule put faire marquer un premier temps d'arrêt.

SAMEDI 24 JUIN. Le jour, en se levant le samedi, trouva Paris transformé en un
camp immense : partout de nouvelles barricades avaient été nuitam-
ment ajoutées aux premières ; les anciennes avaient été renforcées,
consolidées. Une foule de maisons avaient été bon gré mal gré
transformées en forteresses propres à croiser leurs feux avec celui
des barricades.

La bataille s'engage de nouveau avec une incroyable furie. Les
insurgés avaient repris leur attitude de fureur sauvage..... Ils
s'emparent de l'église Saint-Gervais et déjà menacent l'Hôtel-de-
Ville..... Plusieurs généraux sont blessés..... Le général de
Bréa et son aide-de-camp tombent victimes d'un horrible assas-
sinat.

En vain la garde mobile fait des prodiges de valeur ; en vain
l'armée, les gardes nationaux de Paris et de la banlieue rivalisent
de dévouement et de courage : la force numérique des troupes à opposer aux insurgés, sur une ligne aussi étendue, n'est pas suffisante.

De toutes parts on accourait au siège du gouvernement im-
plorer des renforts pour défendre ou reconquérir les différents
quartiers ; et le gouvernement, qui manquait de troupes, ou qui
redoutait de les disséminer, n'envoyait pas de renfort ; mais il ne
cessait de les appeler lui-même par le télégraphe et par des officiers d'ordonnance.

La nouvelle de ces évènements arriva à Vitry-le-François, le samedi 24 juin, dans la soirée, mais vague encore et incertaine.

DIMANCHE 25 JUIN. Le lendemain dimanche, 25 juin, dès le matin, les tambours de la garde nationale de Vitry se répandaient dans la ville, battant la *générale*. Le bataillon s'assembla en toute hâte sur la place d'Armes. Une dépêche, arrivée de Châlons, avait provoqué cet appel précipité. Les officiers ayant été réunis au centre, un membre de l'administration municipale, d'une voix forte, annonça que *la guerre civile désolait Paris, que la France faisait un appel à ses enfants.....* A ces premiers mots, le discours est interrompu par un capitaine qui s'écrie vivement : « *Je pars.* » Les autres officiers, élevant leurs sabres, s'offrent aussi à partir. Bientôt de chacune des huit compagnies du bataillon des hommes se détachent et composent un *groupe* sur chaque front. Chacun de ces groupes forme un peloton, et deux compagnies sont composées de ces huit pelotons, qui conservent les numéros de leurs compagnies respectives. Les artilleurs et les sapeurs-pompiers fournissent aussi leur contingent. De son côté, l'administration municipale confie à l'honneur et au courage de cette colonne mobilisée deux pièces de canon du calibre 6, avec un caisson bien approvisionné. (*)

Après ces dispositions prises, on se sépara pour aller faire les

---

(*) Le corps entier des officiers ne pouvait s'éloigner, et le sort décida du nom de ceux que le service de la ville obligeait à y rester. La subdivision de cavalerie de Vitry fut retenue tout entière pour la correspondance avec les campagnes.

derniers apprêts du départ. Mais alors l'absence d'instructions venues de la Préfecture apporte une grande incertitude. La population inquiète, agitée, se répand dans les rues. Partagée entre l'inertie de l'administration supérieure et la vive insistance de quelques citoyens pour un départ immédiat, l'autorité municipale de Vitry fait annoncer que la colonne mobilisée ait à se réunir à 6 heures du soir, sur la place *Royer-Collard*, pour compléter sa formation et être ainsi prête à tout évènement.

La nuit approchait, le détachement réuni sur la place Royer-Collard achevait de se former, (*) quand on signala une colonne venant de Saint-Dizier. On s'empressa de se porter à sa rencontre. En effet, au premier bruit de la lutte engagée à Paris, la ville de Saint-Dizier avait mobilisé un détachement de volontaires, qui s'étaient mis en route immédiatement, conduits sur de grands chars.

(*) LE DÉTACHEMENT DE VITRY COMPRENAIT :	HOMMES.
Etat major et officiers	22
Tambours et clairons	7
1er Peloton. / 2e » / 3e » / 4e » } 1re Compagnie	100
5e Peloton. / 6e » / 7e » / 8e » } 2e Compagnie	92
Sapeurs-Pompiers	14
Artilleurs	47
Total	282

Arrivés à un kilomètre de Vitry , en face de la Fontaine-
notre-Dame, (*) les volontaires de Saint-Dizier avaient mis pied à
terre ; ils s'avançaient en colonne , précédés de leur commandant, à cheval. En les apercevant , nous nous plaçons en
bataille le long de la route. Bientôt les deux détachements se
saluent par de mutuelles acclamations......... On rentre
dans la ville, et les habitants s'offrent à l'envi pour donner l'hospitalité à ces généreux voisins qui vont devenir leurs compagnons d'armes.

Si Saint-Dizier nous avait devancés de quelques heures, il
avait toutefois trouvé Vitry en armes et souffrant impatiem-
ment du retard. Mais, à partir de ce moment, toute incertitude fut
bannie ; on résolut de passer outre et de marcher de concert : le
départ fut arrêté pour le lendemain matin. Les anciennes divisions
de classes, de partis, d'opinions avaient disparu : riches et pau-
vres, ouvriers et bourgeois, tous allaient se confondre dans les
mêmes rangs , pour repousser le danger commun. Un seul nom
était dans toutes les bouches, *Paris* ; une seule pensée occupait
tous les esprits , *la défense de la société.*

Le dimanche , 25 juin , le feu avait recommencé à Paris sur
presque tous les points. La fusillade résonnait en roulement sourd et
continu , au-dessus duquel grondait de temps en temps la voix plus

(*) Le lieudit la Fontaine-Notre-Dame est un point culminant , à un kilomètre
de Vitry, sur la grande route de Strasbourg , et duquel s'échappe une source
abondante.

forte du canon. Un combat multiple et furieux ensanglantait encore
le quartier latin, la cité, les faubourgs..... Le général Négrier est
frappé à mort à l'entrée du faubourg Saint-Antoine, devant la
grande barricade..... L'archevêque de Paris lui-même est
traversé par une balle sur cette même barricade qu'il fran-
chissait pour aller porter des paroles de paix..... La nuit sus-
pend, mais ne termine pas cette lutte impie, cette guerre fratri-
cide.

Cependant les milices citoyennes se mettaient en mouvement
de tous côtés ; les gardes nationaux de la banlieue de Paris étaient
accourus des premiers, puis ceux des villes, qui avaient eu les
voies de fer à leur disposition. Les différentes routes aboutis-
sant à Paris se couvraient de détachements. Il était évident qu'un
mouvement général avait lieu en faveur du parti de l'ordre.
Alors, au milieu même de l'ardeur du combat, le *Gouvernement*
puisa le sentiment de la victoire dans l'arrivée successive de ces
précieux renforts.

LUNDI 26 JUIN. Le lundi, 26 juin, dès le matin, les colonnes mobiles
de Saint-Dizier et Vitry étaient réunies sur la place d'armes,
où se pressait une grande affluence. On se mettait en marche
par la rue de Vaux, pour gagner au Bas-Village le canal,
où nous attendaient deux grands bateaux de transport. (*)
Nous étions suivis par la foule, non pas une foule curieuse,

(*) Avant de nous engager sur ces bateaux, nous avions demandé s'il ne serait
pas à propos de prendre de préférence la route de Sézanne, en profitant des offres
désintéressées des cultivateurs, qui mettaient leurs attelages à notre disposition. Il
nous fut répondu que, si la route de Châlons présentait dans son parcours quelques kilomètres de plus, il importait de se mettre en communication directe avec
le chef-lieu du département, afin qu'on se rattachât au mouvement général des
gardes nationales, et qu'en suivant la route d'Epernay, on fût à portée d'appuyer
le parti de l'ordre, s'il y avait des troubles à Reims.

ôisive, indifférente. Chaque famille comptait au moins un de ses membres parmi les volontaires, et un grave évènement s'accomplissait. On faisait bonne contenance. Il est vrai que l'on apercevait aussi çà et là, parmi les spectateurs, des visages pâles, des yeux baignés de larmes. Non loin de nous, une jeune fille recevait les embrassements d'un volontaire : « *C'est ma fille*, nous dit gravement un vieillard placé auprès du groupe : *ils devaient se marier demain.* »

Mais le bruit de cette lutte, qui ensanglantait Paris, se répand dans les villages de l'arrondissement de Vitry ; il est confirmé par le départ des colonnes mobiles de Vitry et de Saint-Dizier. Une émotion profonde s'empare alors des esprits, et se fait ressentir jusque dans le plus humble de nos hameaux. Les bataillons ruraux de garde nationale se rendent à leurs différents centres de réunion ; et des habitants des campagnes accourent en grand nombre à Vitry pour se mettre à la disposition de l'autorité.

Cependant nos bateaux avaient été mis en mouvement et s'avançaient sur le canal. Après avoir touché un instant à Pogny, nous arrivions à Châlons. On fit une halte en face la promenade du Jard. L'administration municipale nous attendait au passage : elle nous fit apporter des vivres. Autour de nous stationnait une foule inquiète, avide de nouvelles. Un détachement de la garde nationale de Châlons était déjà parti. On ne connaissait des derniers évènements qu'une partie de ceux accomplis la veille, dimanche, 25 juin. Il était certain que le feu avait recommencé à Paris dès la matinée du lundi.

La ville de Châlons ne tarde pas à disparaître à nos regards, avec les dernières lueurs du jour. La nuit régnait encore, quand nous abordons à Ay. On met pied à terre : les détachements se forment, et nous nous dirigeons en silence vers Epernay. (*)

MARDI 27 JUIN. Epernay avait fourni à Paris son contingent de volontaires, qui était déjà parti. Il régnait dans cette ville une grande inquiétude, rendue plus vive par la proximité de Reims, dont on craignait de voir des bandes se détacher. Nous fîmes notre entrée, en silence, un peu avant le lever du soleil. On se mit en bataille sur une place, d'où les détachements furent conduits dans de vastes celliers ; deux heures étaient accordées pour prendre du repos et quelque nourriture.

Cependant les habitants d'Epernay s'étaient mis sur pied. Le commandant de leur milice citoyenne, ancien colonel de l'armée, était venu nous visiter ; il voulut nous accompagner,

---

(*) En touchant au village de Tours-sur-Marne, nous avions reçu dans le deuxième bateau un détachement fourni par cette localité, sous la conduite d'un officier. Ce détachement forma jusqu'à Paris le neuvième peloton (2e compagnie.)

Déjà nous avions été rejoints par un capitaine de la garde nationale de La Chaussée, vieillard septuagénaire, ancien officier de l'armée, membre de la Légion-d'Honneur. Il se rattacha, comme officier à la suite, au 5e peloton qu'il ne *quitta* pas un instant durant l'expédition; il était venu accompagné d'un jeune adjudant-sous-officier, du même bataillon.

avec la musique de son bataillon , jusques en dehors de la ville.

En haut de la montagne qui domine Epernay, ils se retirèrent, non sans nous avoir donné les marques les plus vives de sympathie. Là se trouvaient quelques voitures de transport, qui se mirent à la disposition des détachements. Mais elles n'étaient pas en nombre suffisant pour conduire la colonne entière. L'ordre de marche fut rompu : une partie des hommes continua d'avancer à pied par groupes isolés ; d'autres avaient profité des voitures et allaient plus rapidement; l'artillerie pouvait se trouver à découvert. La pluie étant venue à tomber, la terre était détrempée , et la marche devenait fort difficile.

Sur l'observation faite que des bandes détachées de Rheims pouvaient avec succès attaquer par le flanc la colonne ainsi prolongée, enlever les pièces de canon ou les enclouer, (*) des volontaires se rapprochent de celles-ci , de manière à les couvrir. Quelques officiers se portent à la tête des détachements , afin de régler la marche ; d'autres conservent leur position au centre, avec l'artillerie ; et les adjudants organisent l'arrière-garde et ferment la colonne.

(*) Ces canons confiés à notre honneur étaient une précieuse ressource, un auxiliaire puissant, alors que notre colonne s'avançait isolément dans cette grave conjoncture. Nous nous prîmes à rappeler à nos compagnons cet épisode de 1814 :

« 400 marins de la Garde Impériale, placés à l'arrière-garde , furent tout à coup
» enveloppés dans Montier-en-Der par la cavalerie ennemie ; ils se forment en
» carré et viennent s'établir au sortir de la ville, à mi-côte , sur la route de Saint-
» Dizier , présentant aux cavaliers la pointe acérée de leurs baïonnettes et les
» bouches menaçantes de deux canons. Cette attitude en impose à l'ennemi , qui
» s'arrête un instant. Nos marins en profitent pour s'appuyer à un bois voisin , et
» rejoindre, par les bords de la Voire , l'armée française , qui manœuvrait sur
» Brienne. On convint généralement que, sans le secours de son artillerie , cette
» troupe d'élite aurait succombé sous le nombre. »

Cependant des villages avoisinant la grande route se présentaient à tout instant d'autres voitures, qui emportaient les plus fatigués. La colonne arriva en assez bon ordre, et sans avoir laissé un seul homme en arrière, vers le milieu du jour, à Dormans, où nous allions recevoir le plus cordial et le plus patriotique accueil. En effet, à peine la colonne est-elle établie sur la Place, que les habitants nous environnent. Ils s'emparent des hommes et les conduisent dans leurs demeures, où le repas était préparé.

Nos hôtes nous avaient reconduits sur la Place où stationnaient, en nous attendant, des voitures de transport tout attelées.

La colonne ne tarda pas à continuer sa route. Nous avions nous-même accepté la voiture d'un habitant de la campagne, dont le visage, depuis quelques instants, présentait les signes d'une vive émotion : « *Ce passage me rappelle* 1814, nous dit-
» il bientôt : *j'étais jeune alors, et je conduisais nos soldats*
» *comme je vous conduis aujourd'hui. J'ai vu de mes yeux l'Em-*
» *pereur NAPOLÉON !...* »

Nous avions été comme lui contemporain de ces grands évènements : « *En effet,* lui répondîmes-nous, *ces lieux sont*
» *remplis du souvenir de l'EMPEREUR et de la GRANDE*
» *ARMÉE : sur cette route que nous parcourons, à cet endroit*
» *même où nous sommes, le* 12 *février* 1814, *l'infanterie et*
» *les dragons de la GARDE IMPÉRIALE ont fourni les charges*
» *les plus brillantes. Ils chassaient devant eux ces mêmes*
» *Prussiens du général Yorck, que, quelques jours aupara-*
» *vant, les habitants de notre ville de Vitry avaient arrêtés*
» *devant leurs murs par une vigoureuse canonnade.* » (*)

(*) La CHAMPAGNE a été le principal théâtre de la guerre de 1814 dans laquelle Napoléon opérait en personne contre l'armée prussienne de Silésie, commandée par le général Blücher, et la grande armée austro-russe, sous le commandement du général Schwartzemberg.

Cependant on continuait à marcher sur Château-Thierry, en suivant la vallée de la Marne qui coule à droite. Une chaîne de côteaux règne à gauche. Notre conducteur, nous montrant ces côteaux, observa qu'au delà, à quelques lieues seulement, étaient et *Champaubert* et *Montmirail*. Alors nous expliquâmes à nos compagnons cette manœuvre de Napoléon, qui de Troyes l'avait conduit à renverser, par une attaque de flanc, l'armée de Silésie dans ces lieux ainsi devenus célèbres.

Nous entrons à Château-Thierry vers dix heures du soir. Les habitants, sortis de leurs maisons avec des flambeaux, éclairent eux-mêmes notre marche. Ils s'étaient chargés de nous recevoir , et le firent cordialement.

MERCREDI 28 JUIN. Le jour suivant, nous étions sur pied dès quatre heures du matin ; mais les bateaux de transport ne furent disponibles que trois heures après. Cette pénible attente était le prélude d'une laborieuse étape.

Le 27 janvier 1814, l'Empereur Napoléon passait à Vitry-le-François, allant à Brienne, pour prévenir la jonction de ces deux grandes armées ennemies.

2 février. — 2e *Combat de Brienne* ou combat de *la Rothière*. Blücher et Schwartzemberg ayant pu opérer leur jonction, l'Empereur se retire à Troyes.

10 février. — *Combat de Champaubert.* Par une attaque de flanc, Napoléon partage en deux l'armée de Silésie. Une moitié est renversée sur Etoges.

11 février. — *Combat de Montmirail.* Il défait la seconde moitié.

12 février. — *Combat de Château-Thierry.*

Des bords de la Marne, Napoléon court aux rives de la Seine. Il attaque la grande armée austro-russe, qu'il combat victorieusement à *Nangis*, le 17 février, et le lendemain 18 , à *Montereau.*

Ces grands évènements ont produit sur les populations de la Champagne une impression profonde , que le temps n'a point effacée. Le nom de l'EMPEREUR y est toujours vénéré : les traditions s'y perpétuent, et la conversation le plus souvent est alimentée par ces graves récits.

Nous avions souvent entendu parler des pontons espagnols : enfermés dans nos bateaux, nous comprîmes mieux alors tout ce que nos soldats prisonniers avaient eu à souffrir, loin de la patrie, par les froides nuits et les brûlantes journées. Le soleil ne nous épargna aucun de ses rayons ; à cette chaleur tropicale se joignait une souffrance morale, un supplice cruel, résultant de l'absence de nouvelles certaines de Vitry et de Paris. On parlait beaucoup de soulèvements partiels dans les provinces, de l'ouverture des bagnes et des maisons de réclusion. Notre imagination inquiète, agitée, courait de Paris à Vitry et de Vitry à Paris ; et la lenteur de notre marche irritait encore notre impatience.

Nos trois bateaux descendaient ainsi la Marne l'un à la suite de l'autre : le premier portait le détachement de Saint-Dizier; le second la première compagnie du détachement de Vitry; et le troisième la deuxième compagnie.

La Ferté-sous-Jouarre n'était plus qu'à quelques kilomètres. Nous étions arrivés à la hauteur du village de Méry, en amont de Lusancy, en regard d'un barrage par-dessus lequel les eaux de la Marne se déversent avec force dans un lit profond. Tout-à-coup vint à se rompre la corde de hâlage amarrant le troisième bateau, qui présenta le flanc, et courait ainsi grand risque de sombrer au passage. On aborda, non sans efforts, et la deuxième compagnie mit pied à terre. Ce bateau était confié à notre commandement et sous notre responsabilité personnelle; nous y remontâmes aussitôt, suivi d'hommes de bonne volonté ; la corde fut rattachée, et le bateau ayant été amené à présenter son avant, le barrage fut traversé sans accident.

Nous ne nous arrêtâmes à la Ferté-sous-Jouarre que le temps nécessaire pour prendre une légère collation. Cette ville avait elle-même dirigé sa garde nationale sur Paris : elle offrait alors un aspect de désolation et d'inquiétude, qui rappela à nos yeux attristés la physionomie de nos cités, dans ces temps de funeste mémoire, quand l'invasion étrangère, manœuvrant autour de nous, menaçait déjà la glorieuse capitale de l'Empire.

Le soleil avait disparu pour faire place à une fraîche soirée d'été. (*) Les trois bateaux se suivaient à petite distance; une brise légère nous reposait des ennuis et de la lassitude de la journée ; rien n'interrompait le silence qui régnait sur la nature entière, sinon, de temps à autre, la voix grave et sonore de quelques-uns de nos compagnons répétant un hymne patriotique ou un chant guerrier.

Il était onze heures du soir, quand nous abordâmes sur une prairie voisine du village de Saint-Jean-les-deux-Jumeaux. On se rend par groupes dans la direction du village, et là, au milieu d'une obscurité profonde, les détachements se forment d'eux-mêmes, les hommes s'appelant à haute voix par le numéro de leurs pelotons respectifs. La nuit était si noire qu'on avait peine à se reconnaître : il arriva ainsi que la deuxième compagnie se trouva à la droite ; la première venait ensuite ; puis la section d'artillerie

---

(*) A la fin du jour, nos esprits avaient été péniblement impressionnés: le bruit du tambour s'était fait entendre sur notre gauche, et bientôt nous avions aperçu sur le versant des coteaux une colonne de gardes nationaux, qui étaient en retour. Une voiture à la suite ramenait à leurs familles quelques hommes atteints dans la lutte.

avec ses pièces. Le détachement de Saint-Dizier occupait l'extrême gauche , pour former l'arrière-garde. Nous étions singulièrement en retard pour gagner Meaux, où nous devions coucher : il nous restait encore douze kilomètres à parcourir et la forêt de Trilport à traverser.

On nous avait dit , à la Ferté-sous-Jouarre, que le parti de l'ordre avait vaincu ; mais on ajoutait que les insurgés, chassés de Paris, s'étaient réfugiés en province, dans les bois environnants. Allions-nous nous trouver en présence de quelque danger? On était naturellement porté à le croire. L'obscurité, l'heure avancée de la nuit, la circonstance d'un défilé à traverser , tout contribuait à rendre la position sinon inquiétante , au moins sérieuse. On dut prendre les précautions d'usage ; le soin de l'artillerie confiée à notre honneur nous en faisait d'ailleurs une loi. Le caisson fut ouvert ; on distribua des cartouches ; un peloton de sapeurs-pompiers, sous la conduite d'un lieutenant, fut envoyé en avant, pour éclairer la marche. Bientôt le chef de bataillon de Saint-Dizier, qui avait à ce moment le commandement en chef, ordonna de se former en colonnes à demi-distance. Le capitaine du premier peloton prit le commandement du détachement de Vitry et se porta en avant, auprès du chef de bataillon de Saint-Dizier. Le cinquième peloton formait tête de colonne. On se mit en marche. La colonne avançait en silence régulièrement ; le bruit de la cadence du pas et celui du roulement de l'artillerie se faisaient seuls entendre , au milieu de l'obscurité profonde.

Nous avions laissé le bois dèrrière nous ; nous avions dépassé le village de Trilport et traversé la Marne. (*) Il était deùx heures du matin quand nous entrâmes à Meaux. Les réverbères ne jetaient plus qu'une faible lueur ; les rues étaient désertes. La deuxième compagnie fut dirigée vers un grand local, où elle s'établit. Nous reçûmes une distribution de pain et de vin. La chaleur avait avarié la viande. Un impérieux besoin de sommeil nous fit trouver délicieuse notre couche de paille.

JEUDI 29 JUIN.

Dès quatre heures du matin, les tambours battaient la *Diane*. On se réunit sur une place, d'où, après avoir attendu longuement, nous fûmes dirigés vers le canal de l'Ourcq, pour être conduits à Paris, au moyen de nouveaux bateaux, péniblement remorqués par des chevaux. Avant d'y monter, nous reçûmes une nouvelle distribution de cartouches. Nous allions traverser la forêt de Bondy, qu'on disait aussi occupée par des insurgés.

Enfin, les bateaux sont mis en mouvement ; nous ne tardons pas à être croisés par le bateau poste de Paris à Meaux, qui marchait à grande vitesse et portait des gardes nationaux en re-

---

(*) L'idée d'un danger réel s'était évanouie. Cette marche nocturne était devenue monotone, pésante, pénible ; *l'esprit français*, qui s'était mis du voyage, nous vint en aide : un jeune sergent du 5e peloton, ancien sous-officier de l'armée, essaye tout-à-coup à mi-voix le refrain d'une de ces chansons familières à nos soldats en route. Ce refrain fait fortune ; puis vient la chanson entière, au milieu du rire général. Les autres pelotons ont chacun son chanteur, et tous nous répétions en chœur, et toujours à mi-voix, les divers refrains qui marquaient la cadence du pas, adoucissaient l'ennui et allégaient la marche.

tour. Ils venaient eux-mêmes de traverser la forêt de Bondy ; nous en concluons que le passage est libre. En effet, nous touchons à la Villette, sans avoir été inquiétés.

A peine avions-nous mis pied à terre, que nous fûmes abordés par un habitant, qui nous dit avoir demeuré à Vitry et qui nous est resté inconnu. Il nous témoigna un grand dévouement ; il nous prévint que le lieu n'était pas sûr ; que la Villette avait opposé jusqu'au dernier jour la plus vive résistance ; que la vue de notre artillerie pouvait exciter la convoitise de nos adversaires, de beaucoup supérieurs en nombre. D'ailleurs, il s'occupa activement de nous chercher des chevaux d'attelage.

Le commandant de Saint-Dizier dépêcha aussitôt deux officiers à la mairie de la Villette pour prévenir de notre arrivée ; un troisième officier fut envoyé directement à l'Etat-Major de la Place de Paris, rue de Lille. Pendant ce temps, les hommes sortaient des bateaux l'artillerie qu'on avait été obligé de démonter. Nous allions nous diriger dans l'intérieur de Paris, quand arrivèrent deux des honorables représentants de la Marne. L'entrevue fut toute cordiale..... Ils nous dirent en quelques mots comment avait pris fin cette lutte sanglante de la civilisation contre la barbarie. Après la mort de l'archevêque, les insurgés avaient paru épouvantés par l'énormité d'un pareil crime. En apprenant d'ailleurs que la France avait jeté un long cri de réprobation et s'était levée en masse, ils avaient demandé une armistice, puis enfin accepté la soumission.

L'entrée de Paris nous est ouverte. L'ordre est que nous irons conduire notre artillerie dans les cours du Palais de l'Assemblée nationale et que nous prendrons notre cantonnement dans le quatrième arrondissement près du Pont-Neuf.

Nous nous mettons en marche, en ordre de colonne. Le silence qui règne dans les rangs , la gravité des visages indiquent la préoccupation des esprits ; nous sommes nous-même assailli par une foule de pensées pénibles : quelle destinée est réservée à notre malheureuse patrie? Quel sort nous attend , nous et nos familles? Quel terme est assigné à tant de révolutions successives, dont nous pouvons déjà nous dire le témoin oculaire? Sur notre gauche, les buttes Saint-Chaumont nous rappellent le combat du 30 mars 1814, et l'envahissement de la France par les Etrangers. La grande rue du faubourg Saint-Martin rend présente à notre mémoire la rentrée à Paris du roi Charles X, après le sacre de Reims. Quelques années après, nous avions vu les voitures du sacre ramener triomphante de Rambouillet à Paris la Révolution de 1830. Enfant, nous avions craint pour la nationalité française..., plus tard pour la liberté civile et religieuse... Aujourd'hui, c'est l'ordre social tout entier qui est menacé ; et à cette heure, la guerre civile vient de sévir avec toutes ses horreurs.

Nous laissons sur notre gauche le Clos-Saint-Lazare que la révolte avait si bien fortifié pour y appuyer son aile droite, et qui n'avait pu être enlevé qu'après plusieurs jours de combats et par d'héroïques efforts..... En haut du faubourg Poissonnière, nous franchissons des pavés fraîchement remués; ils marquaient la place de cette barricade devant laquelle avait eu lieu un des premiers engagements.

Le soleil couchant projetait autour de nous une lueur rougeâtre qui était bien en harmonie avec nos pénibles préoccupations. Nous traversions le champ de bataille que la France attristée arrosait alors de ses larmes, parce qu'il avait vu couler le sang de ses généreux enfants.

———

Cependant, après avoir descendu la rue du faubourg Poissonnière, notre colonne (*) avait débouché sur les boulevards qu'elle suivait, se dirigeant vers le Palais de l'Assemblée nationale. Nous étions au moment du crépuscule. La foule s'arrêta un instant, pour considérer cette troupe armée, qui s'avançait avec assurance, avec une régularité toute militaire. Notre artillerie bien attelée roulait avec un bruit sourd sur les pavés. Alors un homme s'avança nous demandant : « *Qui êtes-vous?* » — « *Vitry-le-* » *François ! Saint-Dizier !* » répondîmes-nous.

L'interlocuteur se retourna vers les assistants, et soulevant son chapeau : « *Citoyens*, dit-il, *c'est le Vitry de* 1814, *avec ses canons.* » Ces paroles parurent faire impression sur la foule; car à l'instant les têtes se découvrirent et nous fûmes salués par les plus vives acclamations. Un grand nombre s'étant détachés, se mirent à nous accompagner, en suivant le côté des boulevards. De distance à autre, de nouveaux groupes se formaient et joignaient leurs acclamations à celles de notre cortège. Nous étions profondément émus de ces marques de sympathie, auxquelles

(*) EFFECTIF DES TROIS DETACHEMENTS.	HOMMES.
Vitry-le-François...	282
Saint-Dizier...	120
Tours-sur-Marne..	17
TOTAL DE L'EFFECTIF DE LA COLONNE RÉUNIE......	419

nous répondions, de notre côté, par les cris de : *Vive Paris !
Vive la France !*... (*)

Après avoir gagné la place de la Révolution , et traversé le pont
de la Concorde, nous arrivions devant le palais de l'Assemblée
nationale, où se trouvaient, avec un parc d'artillerie, des troupes
en grand nombre, et quelques détachements venus de la province. Notre artillerie ayant été réunie au parc qui défendait l'Assemblée nationale, nous fûmes dirigés par les quais vers la mairie
du 4ᵉ arrondissement, où nous attendaient les billets de logement.
Il était alors 11 heures du soir. Les deux détachements étaient
ainsi arrivés au complet ; ils s'étaient même augmentés de quelques nouveaux volontaires , accourus durant la marche qui avait
été *consécutive* de Vitry à Paris , sauf les quelques heures de
sommeil aux deux étapes de Château-Thierry et de Meaux.

VENDREDI 30 JUIN.

Les deux détachements de Vitry et de St-Dizier sont réunis
le lendemain, 30 juin, à 8 heures du matin, sur le quai de la Mégisserie pour inspection et communication de rapports. Une compagnie reçoit l'ordre, qu'elle exécute immédiatement, d'aller opérer le
désarmement de quelques maisons suspectes.

(*) Le journal le *Siècle*, feuille du 30 juin 1848, s'exprimait ainsi, à la date de la
veille : « *Nous venons de voir passer ce soir, à 8 heures 1/2, sur les boulevards, les
» gardes nationales de Saint-Dizier et de Vitry-le-François, qui arrivent, suivies
» de deux pièces de canon et de leurs bagages. Elles ont été saluées, à leur passage,
» par les acclamations de la population parisienne.* »

Une semblabe réunion a lieu sur le même quai et à la même heure le samedi 1ᵉʳ juillet. On annonçe que le lendemain, dimanche, les détachements défileront sous les yeux de l'Assemblée nationale, et nos artilleurs se rendent au palais de cette Assemblée où ils sont appelés à faire partie de la garde d'honneur.

Nous jouissions, dans nos logements, de la plus cordiale et de la plus généreuse hospitalité. Au bruit avait succédé le calme; les angoisses avaient fait place à l'espérance : si ce n'était pas la paix, c'était au moins une trêve, dont chacun s'estimait heureux de profiter..... Paris offrait ça et là les tristes vestiges de la bataille: les places étaient transformées en bivouacs. Dans les rues se pressait une foule d'hommes marchant isolément, ou par groupes, gardes mobiles, soldats de l'armée, gardes nationaux de Paris, de la banlieue et des provinces ; chacun portait en haut de sa coiffure le nom de la cité qui l'avait envoyé.

Le dimanche 2 juillet, dès 8 heures du matin, nous étions tous réunis sur le quai de la Mégisserie. On était fortement préoccupé de la revue qui allait avoir lieu. Les armes avaient été nettoyées à fond, et les buffleteries blanchies avec soin. On apporta des blouses et des képis pour réparer ou compléter les tenues défectueuses. Evidemment une sorte de coquetterie militaire s'était emparée des enfants de Vitry et de Saint-Dizier : et en effet chacun tenait à faire honneur à la ville qu'il représentait. On se mit en marche en suivant les quais. Nous ne tardâmes pas à apercevoir le palais de l'Assemblée nationale. Il faut croire que l'Assemblée elle-même avait attaché une grande importance à cette manifestation des provinces, car ses membres en grand nombre couvraient les degrés du Palais. Ils nous attendirent dans cette position. Les pelotons portèrent les armes successivement, et opérèrent le défilé avec une remarquable précision. Nous saluâmes de nos acclamations les mandataires de la France, parmi lesquels nous reconnûmes les honorables représentants de la Marne, les généraux Cavaignac, de Lamoricière, M. de Lamartine et d'autres personnages importants de cette époque.

Après la revue, lorsque les rangs eurent été rompus, beaucoup se dirigèrent vers le palais épiscopal, pour contempler dans une chapelle ardente les restes inanimés du courageux Archevêque. Quelques-uns rapportèrent dans leur famille, comme de précieuses reliques, des fragments de ses vêtements ou des médailles frappées à son effigie et qui avaient touché le corps du saint prélat.

Nous avions personnellement dirigé nos pas vers la place de la Bastille et l'entrée du faubourg Saint-Antoine : nous ne tardâmes pas à rencontrer sur notre chemin une incroyable affluence de gardes nationaux, qui, ainsi que nous, circulaient dans les rues. Nous pûmes lire presque au même instant, sur différentes coiffures, les noms de *Lille*, *Rouen*, *Cherbourg*, *Nantes*, *Brest*, *Montier-en-Der*, *Bar-sur-Aube*, et bien d'autres encore. La démarche de de tous était résolue, leur attitude pleine de fierté ; ils étaient venus défendre une sainte cause, et soutenir cette noble devise :

Dieu, Patrie, Famille.

Cette affluence de Français, ainsi accourus par un élan spontané de différentes provinces, fit bientôt naître en nous cette consolante pensée et la conviction intime que, si les étrangers, voulant mettre à profit nos discordes civiles, tentaient de nouveau de fouler aux pieds le sol sacré de notre chère patrie, *la France entière deviendrait un camp, et son peuple une armée.*

* * *

La circulation avait été entièrement rétablie sur la place de la Bastille, mais les maisons faisant face, à l'entrée du faubourg St-Antoine, avaient conservé les empreintes profondes de cette lutte acharnée ; la maison faisant l'angle des rues de Charenton et du faubourg Saint-Antoine était plus que les autres déchirée par les projectiles , et l'on apercevait sur la gauche, au coin de la rue de la Roquette, les débris encore fumants d'une autre maison qui avait servi de refuge aux insurgés. Là avait été le point central des opérations militaires de la révolte ; là le combat s'était prolongé jusqu'au dernier instant ; là enfin étaient tombés sous un plomb assassin l'Archevêque de Paris et le brave Négrier. Le meurtre avait ensanglanté les pavés que foulaient nos pieds ; nous nous éloignâmes, les yeux gros de larmes, et le cœur rempli d'amertume.

* * *

A notre retour, dans la rue Saint-Antoine, notre mémoire vint, par opposition, (*) nous rappeler les circonstances de la journée du

(*) Par une fatale destinée , la France libérale de 1830 luttait avec l'armée, qui de son côté exécutait péniblement les prescriptions de la discipline..... Le mercredi 28 juillet 1830, dans l'après-midi, une forte colonne d'infanterie de la garde royale, appuyée par des escadrons de lanciers, avait reçu l'ordre de rétablir la communication entre la place de la Bastille et l'Hôtel-de-Ville. Les soldats, longeant sur deux rangs, à droite et à gauche, les maisons de la rue Saint-Antoine, tiraient dans la direction des fenêtres, en croisant le feu. Mais avant ils faisaient de la main signe de se retirer. Aussi, quand ils furent contraints de battre en retraite, leurs blessés étaient reçus sous les portes un instant entr'ouvertes, ou remis entre les bras des soldats d'arrière-garde, qu'à notre tour nous invitions de la main à venir avec confiance recueillir leurs malheureux camarades.

mercredi 28 juillet 1830, dont nous avions été le témoin oculaire, alors que s'accomplissait une autre révolution.

Cette journée du dimanche 2 juillet s'écoula laborieusement : l'atmosphère politique était pesamment chargée d'électricité ; on craignait de voir à chaque instant se rallumer le foyer encore fumant de l'insurrection. Si les insurgés avaient cessé le combat, ils étaient encore en possession de leurs armes et de leurs munitions qu'ils tenaient soigneusement cachées : ils allaient et venaient, mêlés aux flots de la multitude répandue dans les rues ; mais l'autorité veillait avec l'appui d'une valeureuse armée, dont les forces numériques et la puissance morale s'accroissaient par l'arrivée des détachements venus de la province, qui se succédaient pour ainsi dire sans interruption. Ainsi, les colonnes mobiles qui, comme la nôtre, n'avaient pu arriver à Paris qu'après la cessation des hostilités, pouvaient encore s'applaudir de leur persévérance, dont le résultat principal était de ranimer l'espérance et de relever le courage des populations trouvées sur notre passage, d'ôter aux insurgés l'idée de se répandre dans les campagnes, où ils eussent semé l'effroi et la désolation, et enfin de prévenir dans Paris le retour de nouveaux malheurs et la prolongation d'une guerre impie et sacrilège.

LUNDI 3 JUILLET. Nos détachements se réunissent pour la dernière fois, le matin du lundi 3 juillet, sur le quai de la Mégisserie. On porte à l'ordre que le départ aura lieu le soir même à 5 heures, sur le quai de la Grève, par le bateau à vapeur de Montereau. On va regagner Vitry par Troyes, Rosnay, Margerie.

Le bateau à vapeur fut moins exact que nous au rendez-vous, car il était presque nuit quand il se présenta. On essaya vainement d'y faire entrer l'artillerie. Elle fut menée par des chevaux de poste à Montereau, après avoir été conduite jusqu'à la Barrière de Fontainebleau avec l'escorte d'un bataillon d'infanterie de ligne.

Les heures d'attente ne nous parurent pas longues, car nos hôtes, nos amis, nos parents résidant à Paris avaient voulu assister à notre départ : l'affluence était considérable. Notre attention fut un instant péniblement distraite par le passage d'un immense convoi, dirigé le long des quais vers Vincennes. Des cavaliers ouvraient la marche, l'infanterie se prolongeait sur les flancs. Le convoi comprenait une longue suite de caissons remplis les uns de fusils, les autres de sabres et de gibernes. Puis de nombreuses voitures conduisaient des insurgés pris les armes à la main. La poudre du combat avait noirci leurs mains et leurs visages ; leurs vêtements étaient en désordre ; beaucoup avaient la tête enveloppée. Leurs regards étaient menaçants et leurs physionnomies farouches. Une nombreuse cavalerie suivait par derrière.

Le bateau nous avait reçus à son bord ; bientôt ses roues agitèrent l'eau ; on gagna le large. La foule nous salua une dernière fois de la rive par ses acclamations auxquelles nous répondîmes de notre côté. Le bateau avançait rapidement malgré l'obscurité.

On dépassait Corbeil, puis Melun. Nous devions arriver de grand matin à Montereau, pour de là gagner Troyes par la voie de fer.

MONTEREAU!...... Ce nom est inscrit dans les plus belles pages des fastes militaires de la France. Il nous tardait de voir cette ville que l'Empereur Napoléon avait illustrée, le 18 février 1814, par une éclatante victoire sur la grande armée austro-russe ...... Le soleil était levé depuis déjà quelque temps quand elle apparut à nos yeux.

Montereau est assis au confluent de la Seine et de l'Yonne, au pied d'une chaîne de coteaux se prolongeant sur la rive droite. Un double pont sur l'une et sur l'autre rivière relie la ville à un faubourg placé au pied du côteau pour ainsi dire à pic, au-dessus duquel s'élève le château de *Surville*, avec sa terrasse en avant, terminée par un grille en fer, et dominant les vastes plaines de la rive gauche.

L'Empereur Napoléon avait précipité des hauteurs de Surville sur Montereau les troupes ennemies qui essayaient en vain, par un effort désespéré, de reprendre le château et de gravir les coteaux : elles étaient prises en écharpe et foudroyées à petite portée par des batteries de la garde, établies sur la terrasse du Château. Ce sont ces canons que Napoléon pointait lui-même ; c'est à ce moment solennel que, répondant aux alarmes ainsi qu'aux murmures des soldats, il s'était écrié : « *Allez, mes amis,* » *ne craignez rien : le boulet qui me tuera n'est pas encore* » *fondu.* » (*)

<table><tr><td>MARDI 4 JUILLET.</td><td>Nous abordons à Montereau, sur le quai de la rive gauche, d'où nous allons sous les frais ombrages de la promenade pu-</td></tr></table>

(*) Une gracieuse invitation nous accueillit au château de *Surville*, habité par une noble famille, dont un membre, neveu d'un illustre archevêque de Paris, se rattache à l'arrondissement de Vitry par de vastes domaines sur Hauteville et Landricourt. Nous avons pu parcourir à la hâte la célèbre terrasse, et nos yeux ont contemplé avec avidité ce glorieux théâtre.

blique attendre les wagons du chemin de fer : ils partent vers midi et nous entraînent rapidement.

———

Nous descendons à Troyes vers 4 heures. On nous conduit sur la grande Place derrière l'Hôtel-de-Ville, où des billets de logement nous sont distribués. En même temps que nous, arrivait sur cette Place le détachement des gardes nationales de Langres, qui lui-même était en retour.

———

MERCREDI 5 JUILLET — Le lendemain, mercredi 5 juillet, à 4 heures du matin, départ de Troyes. L'ordre était que nous irions coucher à Margerie, en passant par Piney et Rosnay. Aussitôt que nous eûmes dépassé le pont Hubert, les détachements prirent le pas de route, en se prolongeant sur deux rangs. L'étape à faire était longue; l'atmosphère commençait à s'embraser, et tout annonçait une des plus brûlantes journées d'été. La marche ne pouvait tarder à devenir très-pénible : nous fûmes donc agréablement surpris, quand, arrivés à la hauteur du village de Creney, nous vîmes déboucher sur la grande route un grand nombre de voitures bien attelées, bien remplies de paille, qui nous prirent tous successivement et nous transportèrent rapidement à Piney.

———

Nous trouvons à Piney le chef du bataillon de Rosnay, qui arrivait à cheval à notre rencontre, avec quelques-uns de ses officiers. Un groupe nombreux se forme autour de lui. Une goutte militaire

est versée à la ronde et bue tout au plaisir de se revoir après
d'aussi graves évènements. Le bataillon de Rosnay avait pu nous
devancer , en gagnant Paris par la voie de fer de Troyes à
Montereau.

De nouvelles voitures et de nouveaux conducteurs s'étaient
chargés de nous conduire de Piney à Rosnay. Nous allions au
grand trot des chevaux. A peu de distance sur notre droite étaient
le château de Brienne et cette plaine de la Rothière où s'était
accompli un des grands drames militaires de 1814. Aussi, ce
n'était pas sans éprouver une vive émotion que les habitants de
ces contrées, qui avaient tant souffert, voyaient ainsi passer
rapidement sous leurs yeux ces canons, ce caisson et cette
longue file de voitures que remplissaient nos détachements en
armes..... Nous ne tardâmes pas à arriver à Rosnay, où nous
reçûmes en effet le plus excellent accueil. Il était de bonne heure
encore quand nous entrâmes à Margerie.

Sans doute il nous eût été facile de gagner Vitry ce soir même.
C'était notre plus vif désir ; nous étions impatients de revoir
nos familles, que nous avions quittées au milieu du plus grand trou-
ble. Combien de fois leur souvenir avait préoccupé nos esprits
durant cette pénible absence !

Mais la ville de Vitry s'apprêtait, disait-on, à fêter le retour de
ses enfants, et le programme du cérémonial voulait que nous ne
fissions notre entrée que le lendemain jeudi à midi. Les
habitants de Margerie et de Saint-Utin s'étaient chargés de con-
tenir notre impatience, et ils y réussirent par la plus cordiale et la
plus généreuse hospitalité.

Le lendemain jeudi, 6 juillet, réunion à Margerie dès le matin. Quelques hommes arrivent de Saint-Utin, d'autres de Rosnay où ils avaient couché. Plusieurs voitures et bon nombre de personnes étaient venues pendant la nuit de Vitry même. Cependant le soleil s'élève au milieu d'un ciel sans nuages. Des tables dressées en plein air sont couvertes d'aliments. Une foule nombreuse se presse animée et joyeuse. Après avoir échangé avec nos hôtes de cordiales poignées de main, nous descendons à pied la grande côte, au bas de laquelle étaient de nombreuses voitures, qui nous emportent rapidement vers Vitry.

Arrivés à la hauteur de Courdemanges, nous trouvâmes des tables dressées le long de la route et couvertes de gâteaux. Les habitants de cette commune et des villgaes voisins, bouteilles et verres en main, arrêtaient nos voitures au passage. On ne pouvait manquer d'être sensible à ces marques d'attention. Nous ne reprenions pas notre marche, sans avoir à plusieurs reprises goûté aux flacons si généreusement offerts.

Bientôt les tours de Notre-Dame de Vitry apparaissent à nos yeux..... Sur la hauteur, au-delà de Blacy, nous trouvons en bataille, sur la route, la cavalerie de la garde nationale, qui nous invite à mettre pied à terre; les détachements ayant été formés en colonne, nous nous mettons en mouvement, au milieu d'un grand concours de population, et précédés de la musique du bataillon de la ville.

Un spectacle touchant nous attendait auprès de la Maison-Blanche : (*) les hommes de tous âges restés à Vitry avaient, après notre départ, composé un bataillon qui était là nous attendant sur la route, les vieillards eux-mêmes ayant la poitrine ornée du baudrier, avec des fusils qui devaient peser à leurs bras..... Ils avaient su retrouver l'énergie de la virilité, pour faire un service actif et veiller en notre absence. En ces temps difficiles , leur tâche n'avait pas été moindre que la nôtre : les fausses nouvelles répandues par la malveillance les avaient tenus constamment en alerte.

Ainsi donc, quand la double cause de la société et de la civilisation avait été en péril, chacun avait tenu sa place, et nous nous revoyions tous avec cette satisfaction intime que faisait naître l'accomplissement d'un grand devoir.

A la gauche du bataillon de Vitry étaient venus se ranger des détachements des autres bataillons de notre légion contonnale. Le lieutenant-colonel, à cheval, commandait cette troupe.

Après nous être salués par de réciproques acclamations , la colonne mobile continua de se diriger vers la ville ; le surplus de la garde nationale suivait le mouvement. Sur les côtés de la route, à droite et à gauche, était une foule nombreuse , accourue de Vitry et des villages voisins. Les pelotons marchaient avec un aplomb et une aisance qui , avec le teint basané des visages, étaient l'objet de remarques bienveillantes. D'un autre côté, les habitants des campagnes montraient, par leur attitude , combien ils regrettaient qu'un ordre impératif les eût arrêtés au départ.

(*) La Maison-Blanche , dont est question , est située au point d'intersection des routes de Blacy et Loisy-sur-Marne avec celle de Sézanne.

Nous manquerions au sentiment de la reconnaissance si nous n'ajoutions que nos concitoyens avaient revêtu leurs habits de fète. Les maisons étaient pavoisées comme aux jours de grande solennité ; un arc de triomphe avait été élevé sur le pont qui précède l'entrée de la ville. Ce triomphe était celui de la Patrie, de notre belle France, que célébrait la population tout entière, avec les démonstrations d'une joie vive, à laquelle le retour des détachements donnait la plus grande expansion. Nous remarquâmes plus d'une élégante toilette; nous reconnûmes bien des visages qui, quelques jours auparavant, nous avaient accompagnés aux bateaux ; des larmes s'échappaient encore; mais cette fois, ces fraîches et belles physionomies portaient l'empreinte de la satisfaction et du bonheur.

Nous dépassons la Porte-du-Pont. Après avoir déposé notre drapeau à l'Hôtel-de-Ville, replacé notre artillerie dans son parc, nous nous rendons sous la halle où une collation avait été préparée..... La mission que nous avions acceptée était ainsi terminée..... Il nous était permis de rentrer dans nos foyers..... Nous allions quitter nos compagnons..... Nos verres s'entre-choquèrent une dernière fois ; et, après nous être pris la main, après nous être fait, en mémoire de ces journées, la promesse d'un dévouement mutuel, nous nous séparâmes, non sans éprouver une visible émotion.

VENDREDI 7 JUILLET

Le lendemain, 7 juillet, la foule se pressait dans l'église Notre-Dame, qui recevait dans son enceinte les autorités civiles et militaires, la double colonne mobile de Vitry et de Saint-Dizier, la garde nationale entière, pour s'agenouiller devant le Dieu des armées et voir bénir le drapeau donné à la colonne de Vitry par le Pouvoir exécutif.

Quelques heures plus tard, les volontaires de Saint-Dizier regagnaient la cité qui les avait envoyés. La garde nationale de Vitry les accompagna de nouveau jusqu'à la fontaine Notre-Dame, consacrant ainsi jusqu'à la fin cette union fraternelle, cet accord parfait, qui n'avait pas cessé un seul instant d'exister entre les deux détachements et qui avait si bien ajouté à leur force mutuelle. (*)

Husson d'Oisy.

FIN.

(*) Saint-Dizier ne tarda pas à s'acquitter de l'accueil fraternel que ses volontaires avaient reçu à Vitry, en conviant par une invitation pleine de courtoisie, la garde nationale de cette ville à un banquet splendide, qui eut lieu le dimanche 16 juillet, à Saint-Dizier même, sous les frais ombrages de la promenade du Jard. La plus douce gaîté et la plus franche cordialité régnèrent constamment dans cette fête, qui réunit en ce jour, comme en une même famille, les enfants des deux villes voisines.

www.ingramcontent.com/pod-product-compliance
Lightning Source LLC
Chambersburg PA
CBHW051319060726
47596CB00004B/1387